Martin Petersen

Entlarvung des höheren Bauschwindel-Systems

oder des modernen Raubrittertums der Jetztzeit - Eine Grossstadt-Studie

Martin Petersen

Entlarvung des höheren Bauschwindel-Systems
oder des modernen Raubrittertums der Jetztzeit - Eine Grossstadt-Studie

ISBN/EAN: 9783743440913

Hergestellt in Europa, USA, Kanada, Australien, Japan

Cover: Foto ©ninafisch / pixelio.de

Weitere Bücher finden Sie auf **www.hansebooks.com**

Entlarvung

des höheren

Bauschwindel-Systems

oder

des modernen Raubrittertums der Jetztzeit.

Eine Großstadt-Studie

von

Martin Petersen in Altona,
Civil-Ingenieur und Baumeister,
(Mitglied des Grundeigenthümer-Vereins zu Hamburg.)

Hamburg-Eimsbüttel.
Verlag von Johs Boysen.
1891.

Dieses Buch ist zugestellt:

Einer hohen Preußischen Regierung.

Einem hohen Hamburger Senat,

Den Herren Amtsrichtern Berlins und Hamburgs.

Vorwort.

Durch die Herausgabe unseres Buches wünschen wir die Frage zu beantworten: „Wie bessert man die heutigen vielfach mißlichen Zustände im Baugewerbe, materiell, pecunair und moralisch auf? Unseres Erachtens liegt die Beantwortung dieser Frage darin, daß auch dem Laien volle, freie Einsicht in die Bau-Mysterien gegeben wird, auf daß er sich einerseits vor Schäden schützen kann, andererseits aber einem gesunden Unternehmen seine Hülfe nicht versagt.“

Der Verfasser.

Martin Peterson

Inhalt.

Motto:

Festen Mut in schweren Leiden,
Hülfe, wo die Unschuld weint,
Ewigkeit geschworner Eide,
Wahrheit gegen Freund und Feind.

(Schiller)

An der Spitze des gesamten Weltgetriebes stehen herrschend zwei Regenten, deren thatsächlich in alle Verhältnisse des Daseins so tief einschneidende Macht kein benkender Kopf je unterschätzen wird. Dies sind:

Kapital und Arbeit.

Gerade das letzte Viertel unseres mit dem Stempel des schärfsten Realismus versehenen Jahrhunderts hat den Streit um den Rangwert von Kapital und Arbeit zu einer Tages- frage — einem Tagesstreite erhoben, ben zu schlichten hier nicht der Platz ist. Soviel steht aber außer jedem Zweifel baß beide Faktoren gleich notwendig für die Weltexistenz sind, ba das Kapital die Arbeit belohnt, während diese wiederum jenes schafft. Das Studium des Beibehaltens und eventuellen Vermehrens des Besitzes erfordert eine eigene Kunst, eine ge- wisse Vor- und Ausbildung, die man sich allmählich durch die sorgfältige Verwaltung des Eigentums aneignet.

1

Berechtigte Spekulation.

Kein Wunder also, daß der menschliche Geist Mittel ersann, die dazu angethan sein mochten, ihm nicht nur den Besitz dessen was er besaß zu gewähren, sondern solchen vielleicht bedeutend zu vermehren, wodurch er alsdann für gehabte Mühe und Sorge entschädigt würde. Unseres Erachtens ist demnach der Grundgedanke, welcher den Impuls zur Spekulation gegeben haben mag, durchaus kein verwerflicher. Auch erkennen wir bereitwilligst an, daß eine Spekulation im Grundbesitze zweifellos ihre volle Berechtigung hat, sofern sie auf reeller Basis beruht und sich innerhalb der Schranken der Moral, Humanität und Gesetzlichkeit bewegt. Wie beispielsweise in der Chance der Steigerung des Grundeigentums durch Erweiterung der Stadt infolge Zuzuges von draußen, Hebung der Gegend durch Fabrikanlagen, Erbauung resp. Verlegung von Bahnhöfen, Straßendurchkreuzungen, Kanalanlagen u. s. w.

Grundbesitz größerer und kleinerer Ausdehnung ist von jeher eine der stabilsten und sichersten Kapitalsanlagen gewesen; namentlich ist selbiger in der Nähe großer und ausdehnungsfähiger Städte teilweise sehr gewinnbringend, sodaß bereits mancher Landmann durch das Ausparzellieren seines ererbten Grundes und Bodens für Bauzwecke Millionär geworden ist.

Unberechtigte Spekulation.

In Nachahmung des Landmannes, jedoch ohne zu bedenken, wie dieser in den Besitz des Seinen gekommen, arbeitet seit einer Reihe von Jahren die Vereinigung von Kapital und Fachkenntnis sich bei uns ein Bausystem aus, dessen einzelne Gliederung und künstliches Funktionieren sich heute bereits über das Erlaubte hinauswagten, ohne bislang mit der gebührenden Strafe geahndet zu werden, da es meistens leider sehr schwer ist, einem solch' ehrlosen Treiben auf die Spur zu kommen. Durch eben dieses Treiben ist das Bauen teilweise zum Glücksspiele herabgesunken, sodaß der ehemals hochachtbare Stand der Bauherren seines Nimbus entkleidet wurde. Vernünftigerweise sollte das Bauen wie jedes andere Gewerbe nüchtern betrieben werden, da der Nutzen einzig und allein durch Leistungen bedungen werden darf.

Erbärmlich und verwerflich ist es, sobald mit dem Heime selbst eine ekelerregende Spekulation getrieben wird, die das Gemeinste sogar überbietet. Wie viele Familien sind nicht von ihrem häuslichen Herde, ihrem Einzigsten und Liebsten, verjagt und vollständig ruiniert worden; wie viele sind nicht für die Dauer ihres ganzen Lebens geschändet, indem man sie der äußersten Armut preisgab!

Hausse und Baisse.

Um das unberechtigte Spekulieren möglichst klar erscheinen zu lassen, konstatieren wir im Bausache zwei Spekulationsweisen, eine Hausse und eine Baisse. Das Wesen der ersteren besteht darin, einem Unvermögenden während kurzer Zeit unter die Arme zu greifen um ihn vor der Welt kreditfähig erscheinen zu lassen. Im entscheidenden Augenblicke läßt man alsdann das Unglückskind einen gewaltigen Fall thun, um so die letzten Hypothekengläubiger zu benachteiligen. Die Baisse kommt bei vermögenden Leuten zur Anwendung, die in Objekte ein- geführt werden, bei denen ihre Kapitalien zur Deckung der dritten Priorität nicht ausreichen, wodurch sie alsdann gleich den Unvermögenden eine willenlose Puppe in den Händen ihres „Gönners" werden.

Auseinandersetzungen und Belehrungen sind die größten Feinde der sich täglich wiederholenden und seit Jahren existierenden Mißstände. Die Art und Weise nun, wie Letztere, durch Kapital und Fachkenntnisse geschaffen wurden, sind nach freirichterlichem Urteile nicht allein verwerflich, sondern geradezu verbrecherisch, indem sie als Endzweck die Ausbeutung Nichtvertrauter auf Kosten derer Unkenntnisse und Leichtsinnes verfolgen.

Verschiedene Industriezweige haben hart darunter zu leiden, namentlich wenn die Gewerbetreibenden nicht mit dem eigentlichen Mechanismus der Bauunternehmungen vertraut sind. Fragte man derartige Menschen, wie sie sich in das Baufach hineinbegeben konnten, so erhielte man sicherlich die Antwort, daß ihnen die ganze Sache so schön ausgemalt sei, und sie sich urplötzlich, ohne sich dessen zu versehen, im größten Unglücke befunden hätten.

Das Jagen nach dem Glücke hat den Menschen vergessen lassen, welch' unlautere Mittel er sich theilweise bediente, da es sonst unmöglich wäre, hier so grob zu sündigen. Ein Mensch sagt sich womöglich: „Dieser oder jener hat's gethan; warum kann ich nicht auch so handeln, um vielleicht binnen kurzem ein reicher Mann zu sein?" Es ist aber doch unmöglich für mich eine Entschuldigung, sobald ich mich vor dem Gerichte wegen meiner Handlungen zu verantworten habe, daß Peter und Paul auf die nämliche Art handelten wie ich. Es wäre dasselbe, als sagte der Gauner zum Richter: „Jener hat auch gestohlen."

Die nachfolgende Aufmachung zeigt eine genaue statistische Uebersicht von Zwangsverkäufen während zehn Jahren in Hamburg im Vergleich zu Berlin.

		Berlin		Hamburg	
im Jahre	1879	628	Zwangsverkäufe	528	Zwangsverkäufe.
„	1880	544	do.	217	do.
„	1881	333	do.	229	do.
„	1882	231	do.	233	do.
„	1883	170	do.	307	do.
„	1884	174	do.	266	do.
„	1885	121	do.	178	do.
„	1886	99	do.	144	do.
„	1887	67	do.	87	do.
„	1888	72	do.	63	do.

Dieses Zahlenvergleichniß der Prosequirungen der Jahre 1879—1888 zwischen der Reichshauptstadt und Hamburg bekundet, daß, wiewohl Hamburg nur ein Drittel an Einwohnerzahl gegenüber Berlin birgt, dort dennoch zeitweise verhältnißmäßig bis über 5 mal so viele Zwangsverkäufe vorkommen. — Ein Beweis dafür, daß die „Bauwuth" Hamburgs diejenige Berlins weit hinter sich läßt. —

Nachfolgende Zusammenstellung zeigt die von Hamburgs Einwohnern bei den Zwangsverkäufen verlorenen Summen.

Zwangsweise wurden verkauft durch das Amtsgericht Hamburgs:

im Jahre	Grundstücke	Verkaufspreis	Verluste.
1881	229 (St.)	ℳ. 15,628,000	ℳ. 4,530,684.—
1882	233	„ 12,069,230	„ 3,275,070.—
1883	307	„ 17,140,725	„ 5,741,580.—
1884	266	„ 13,915,910	„ 4,772,127.—
1885	121	„ 11,425,700	„ 3,266,440.—
1886	144	„ 7,625,500	„ 1,566,825.—
1887	87	„ 5,848,250	„ 1,318,610.—
1888	63	„ 5,844,500	„ 738,377.—
1889	29	„ 6,348,400	„ 996,376.—
1890	154	„ 11,401,750	„ 2,757,236.—
1891 v. $^1/_1 = ^1/_7$	131	„ 11,028,700	„ 2,644,245.—

1891 letzte Hälfte ca. 150 Grundstücke angemeldet und theilweise verkauft.

NB. Obenstehende Zwangsverkäufe beziehen sich nur auf vollendete und in Angriff genommene Bauten exclusive Bauplätze! —

Belastung.

Als Erstes und Vornehmstes bei unseren ferneren Er-
örterungen sei vor allem die Belastung des Objektes in
Erwähnung gezogen, weil hierdurch dem Laien von vornherein
ein besseres Verständnis des Baumechanismus zu teil wird.

Verleihung des Kapitals gegen Zins ist wohl eigentlich
das Produkt der letzten 400 Jahre, während es vordem
geradezu als Wucher galt, Zinsen für gegebene Darlehen zu
nehmen. Die älteste Form der Beschwerung im Grundeigentume
ist die Rente, deren Ursprung zurückgeführt werden mag auf
die der Reformation unmittelbar vorhergehende Zeit, wo die
katholischen Klöster beträchtliche Landflächen besaßen, die
ihnen seitens der Landesherren [oder reicher Privatleute als
Geschenke für Seelenmessen zur freien Verfügung überlassen
wurden. Um sich bei der Einführung der dann folgenden
Reformation eine thunliche Garantie für ihre fernere Existenz
zu schaffen, war es ein sehr gescheiter Diplomatenstreich der
Herren der Gottesgelahrtheit, die betreffenden Ländereien in
kleineren Parzellen zu verkaufen gegen eine an die Klöster fort-
dauernd zu leistende Abgabe. Erst 1848 sind diese auf ewig
und drei Tage gemachten Versprechungen durch §§ 35 und 36
des Grundgesetzes des deutschen Volkes aufgehoben worden und
für ablösbar erklärt. Der § 35 hat folgenden Wortlaut:
„Alle auf Grund und Boden haftenden Abgaben und Leistun-
„gen, insbesondere die Zehnten sind ablösbar; ob nur auf

„Antrag des Belasteten oder auch des Berechtigten, und in „welcher Weise, bleibt der Gesetzgebung der einzelnen Staaten „überlassen." — „Es soll fortan kein Grundstück mit einer „unablösbaren Abgabe oder Leistung behaftet werden." — Nach dem 14. Jahrhundert begann man alsbann damit, die Darlehen im Grundeigentume als Pfandobjekte unter Nennung des Kapitals gegen Verzinsung anzuerkennen im Gegensatze zu den Renten, bei denen nur die jährliche Abgabe, nicht aber das Kapital benannt ist. Obschon die Zinsbeanspruchung ehemals als Wucher betrachtet wurde, muß man sie dennoch heute billigen, da sie ihren berechtigten und eblen Zweck hat. Staaten leihen sich beispielsweise gegen Sicherheit und unter Zinsberechnung gegenseitig Gelder zur Hebung von Handel und Industrie durch Beschaffung besserer Verkehrseinrichtungen (Eisenbahnen u. s. w.) Der edelste Zweck ist jedenfalls der, daß z. B. ein Familienvater durch seine zurückgelegten und zinstragenden Ersparnisse die Seinen bei eintretendem Tode gegen Not sicher stellen kann, was um so wertvoller ist, als die Zinsen fortlaufen, wogegen das Kapital bei andauerndem Verbrauche gar balb zusammenschmölze, und die Not heraufbeschwören würde.

Auf die Frage, wie hoch ein Grundstück beschwert sein darf, ohne daß der Besitzer sich selbst oder anderen Schaden zufüge, erhalten wir bei genauer Prüfung die bündige Antwort, daß bei ländlichen Besitztümern — unter Einschluß von Villen und Privathäusern nahe der Großstadt — 50—60 % als Norm anzunehmen ist, wohingegen städtische Zinshäuser oder Revenueen eine Schuldenlast von 75 % ertragen dürfen bei 4½—5 % Verzinsung der zweiten Priorität, ohne Risiko für Verleiher

und Schuldner. Jede höhere Belastung ist Leichtsinn und
spielt ungesäumt in die Hände des habsüchtigen Agenten und
wuchertreibenden „Menschenfreundes".

Die Schwindelmanipulation konnte nur durch Aufrecht-
erhaltung von Irrtümlichkeiten einen so festen Fuß fassen.
Beispielsweise ist die gebräuchliche Annahme falsch, mit einem
Vermögen von M 10000 ein Objekt von M. 100000 besitzen zu
können. In Wirklichkeit würde der darauf Eingehende anstatt
Besitzer Verwalter sein für die Zinsen der vorhergehenden
M. 90 000 und sich speziell in den Händen derjenigen Gläubiger
befinden, deren Gelder von 75—90 % rangieren. Nur die
Annahme kann zutreffend sein, daß der Bauende imstande sein
muß, erforderlichen Falles bei eintretender Kündigung die Gelder
von 75 % ab selbst zu decken.

Rang und Haftbarkeit.

Unsere zweite, nicht weniger zu beobachtende Norm ist
Rang und Haftbarkeit der Gelder im Grundeigentume sich
selbst gegenüber, weil über diesen Punkt bislang vielfach eine
grundfalsche Auffassung existierte, indem angenommen wurde, daß
man sich beim Hypothekenwesen in einer dem Aktienunternehmen
analogen Lage befände, wo jeder Aktionär bei eintretendem
Verluste zu gleichen Teilen herangezogen wird, je nach dem
Verhältnisse der von ihm eingeschossenen Kapitalien.

Was die Prioritäten betrifft, so erstreckt sich die erste bis
zur Hälfte des Objektwertes, wobei absolut die Mieteeinnahme
zu Grunde gelegt werden muß, weil eben diese der Lebens-
nerv für die ganze Unternehmung ist. Wo keine normale

Mietceinnahme vorhanden ober binnen kurzem zu erzielen ist, würbe ber Wert bes Baues zu bemjenigen ber Villen unb Einzelbauten herabsinken unb einen Tauschwert von nur 50—60% repräsentieren. Erste Priorität wirb burch bie zweite Hälfte bes Objektwertes garantiert, weshalb selbige absolut risikolos ist. Bankhäuser unb Vormunbschaftsbehörben geben biese Gelber ohne Bebenken. Zweite Priorität, vom halben bis zum breiviertel Objektwerte rangierenb, wirb burch bie britte Priorität geschützt. Außerbem haftet ber Bauenbe mit seiner Person unb seiner gesamten Habe. Dieser ist es, ber bei Nichtanschaffung ber letzten Hypotheken bie ganze Last zu tragen hat. Zweite Priorität ist gewöhnlich von wohlhabenben Leuten bei geringer Prozenterhöhung zu erhalten. Dritte Priorität soll unb muß Eigentum bes Banenben sein.

Rente.

Die Rente wirb sowohl vom Staate als auch seitens Privatpersonen einem Grunbstücke auferlegt unb steht ber Regel nach im Verhältnisse zur Straßenfront bes Grunbstückes, im Werte von ℳ 1 bis ℳ 1.20 pr. Fuß. Es kann auch vorkommen, baß zwei verschiebene Renten, bie eine vom Staate unb bie anbere von einem Privatmanne, gleichzeitig in einem Objekte vorhanben sinb. Diese Renten sinb in Wirklichkeit basselbe wie jebe anbere Hypothek, mit bem Unterschiebe, baß man bei ihnen bie Zinsen nennt, bas Kapital selbst aber unerwähnt läßt, woburch gegen einen Uneingeweihten beim Kaufe nicht selten Gaunereien ausgeführt werben. Die Rente ist nur 2⅔% von bem nicht benannten Kapitale, inbem sie burch Multiplizierung mit 37½ bas letztere ergiebt. Dann unb wann werben solche Renten für ca. ℳ 20 bis 25 anstatt für 37½ ℳ. pro Mark verkauft sodaß sich der Käufer feinste Gelder, die vor jeder ferneren Belastung des Grundstückes stehen, mit 4 bis 5 % Verzinsung verschafft.

Diskont.

Unter Diskontgelder haben wir solche zu verstehen, die als Darlehen gegen hypothekarische Sicherheit unter sofortigem Abzuge der Zinsen (wodurch die Gelder sich ca. um ⅛ % erhöhen) gegeben werden und nach einer im voraus festgesetzten Frist, in der Regel nach einem Viertel- oder Halbjahre, zurückzuerstatten sind. Eben hierin unterscheiden sie sich von festen Geldern, welche ein halbes Jahr vor ihrer Auszahlung aufgekündigt werden müssen. Diese letzteren Kündigungen können nur erfolgen, Januar, Juli, April und Oktober — in Preußen Februar, August, Mai und November —, an welchen Tagen auch die Zinszahlungen stattfinden.

Diskonto (Interusurium), früher auch Juden-Rabatt genannt, bedeutet Abzug. —

Der Diskont im Bank- und Handelssache bei Verkauf von Wechsel-, wo der Zins sofort gekürzt wird, hat seine Berechtigung. — Im Bausache ist der Diskont deshalb nicht zu billigen, weil hier ein handgreifliches Pfand vorhanden ist, und die Diskontos, die nur zum halben Objektwerthe rangieren, dennoch die Fertigstellung des Baues bedingen, bevor sie zur Auszahlung gelangen.

Folgendes Schema, woraus ersichtlich, daß jedes Risiko für Geldhergeber vollständig ausgeschlossen ist, vergegenwärtigt uns beispielsweise die Bedingungen bei Diskontgeldern.

Schema:

„Wenn der Bau richtfertig, zahlen wir ein Drittel; ist er „putzfertig, so zahlen wir ein ferneres Drittel, und ist er schließ- „lich fix und fertig und in die Feuerkasse aufgenommen, so „zahlen wir den Rest."

Bei Verzinsung der Diskontgelder ist es sogar soweit gegangen, daß einige Spekulanten ihre Gelder viermal im Jahre roulieren lassen, somit also auch viermal Zinsen ein- streichen, als gäben sie die Gelder jedesmal auf ein Jahr, anstatt auf 3 Monat. 7 % pr. Vierteljahr, die man rechnen kann, ergeben p. a. die hübsche Zinsvergütnng von 28 %, abgesehen von noch höheren Geldschneidereien, die unter Umständen nach der jeweiligen Auffassung der verschiedenen Kapitalisten auch noch als zulässig betrachtet werden. Rechnen wir hierzu noch die üblichen 2 % Provision, gleichfalls mit 4 multpltiziert 8 % ergebend, so muß der Bauherr seine Gelder mit nur ca. 35—40 % verzinsen. — Selbst wenn der Diskont niedriger wäre, so erreichte er immerhin noch eine ansehnliche Höhe. Folgendes Beispiel diene hierfür als Er- läuterung: Nehmen wir eine Summe von ℳ 100000 zum Diskontsatze von 8 % p. a. an, so ergiebt dies pr. Halbjahr 4 %. Kommt hierzu nun noch eine von dem Geldmanne wie üblich bedungene Provision von 2 % und ferner eine Makler- kourtage von 1 % auf die Summe, wovon wir hunderte Fälle nachweisen können, so erhalten wir einen Zinsfuß von 14 % p. a. wobei es natürlich jedem einleuchten muß, daß der Verdienst der Bauherren „flöten geht". Noch ein Beispiel:

6 % p. a. = $1^1/_2$ % pr. Vierteljahr.

Provision = 2 %

Kourtage = 1 %

$\overline{\qquad\qquad}$

$4^1/_2$ % pr. Vierteljahr.

= 18 % pr. Jahr.

Noch raffinierter erscheint es, wenn es dergestalt gemacht wird, daß bei Hergabe von Diskontgeldern, die in Raten bedungen sind, die Schlußnota womöglich auf $5^1/_2$ % lautet, thatsächlich jedoch 11 % in sich birgt. Die ersten $5^1/_2$ % werden nämlich bei der ersten Ratenzahlung sofort in Abzug gebracht, während der Bauherr über die volle Summe zu quittieren hat und somit später keine Beweise vom stattgehabten Zinsfuße zu liefern vermag. Die zweiten $5^1/_2$ % werden alsdann successive abgezogen.

Makler.

Die Wirksamkeit des Maklers sowohl bei der Geldfrage als auch bei dem An- und Verkaufe der Objekte verdient keine geringe Beachtung.

Der Agent, Kommissionär, Vermittler oder, wie der hier übliche Ausdruck besagt, „Makler" ist der Repräsentant eines Ge- werbes, das auf ebenso ehrenhafter Grundlage beruht wie jeder andere Beruf. Man muß der Wahrheit gemäß zugeben, daß auch der Makler oftmals sich vergebens bemüht, ein Geschäft zustande zu bringen, nachdem er nutzlos aus eigener Tasche mehrere Unkosten hat bestreiten müssen, wie Insertionsgebühren, Zehrgelder u. s. w. Seine Zeit, die er in manchen Fällen umsonst vergeudet, hat für ihn denselben Wert, wie für jeden anderen. Es muß ihm daher ein gebührender Verdienst in Form einer zu zahlenden, gesetzlich festgestellten Kourtage oder Provision zugesprochen werden. Anerkennenswert ist es, daß der Makler manche Geschäfte zwischen Einzelparteien bei An- und Verkauf wie auch bei Tausch abschließt, die ohne sein Zuthun nie und nimmer perfekt geworden wären. Er ist es auch, der die Schließung der Gelder bei eintretender Kündigung vermittelt und die Baugelder anschafft. Nach unserer Ueberzeugung ergreift er jedoch häufig hier zu sehr die Offensive in der Bauthätigkeit, wobei er eine Hauptrolle gelegentlich des Errichtens eines Objektes spielt, indem er gleichzeitig den Bauenden in den Hintergrund drängt. Dies letztere kommt allerdings nur für den Anfang des Baues in betracht, wohingegen bei Vollendung desselben eine abermalige Verwechselung der Rollen stattfindet, da der Makler nunmehr dem Bauenden das Feld räumt und sich in genügende Sicherheit bringt, um nicht den Schlag zu erhalten, falls die Sache schief gehen sollte. Leider fragt man heutzutage nicht mehr nach dem Namen des Bauherrn, sondern nur nach dem des Maklers. Der Grundspekulant nimmt gern die Hilfe des Maklers in Anspruch, um seine Bauplätze günstig an den Mann zu bringen, weil für ihn die Negocierung seines ev. Verdienstes sich erst bei dem eigentlichen Bauen ergiebt. Hierin mag wohl der größte Profit des Maklers verborgen liegen, welcher ihm denn auch das reiche Gebiet des so verwerflichen Diskontwesens eröffnet. Diskontratenzahlungen werden auch bei den einzelnen Etagenhöhen bedungen. Ist also der Bauherr nicht imstande, die erforderliche Bauhöhe zu erreichen, so wird von einer Auszahlung des Geldes Abstand genommen. Für diesen Fall hat

der Makler in den Zwischenpausen dem unvermögenden Bauherrn als rettender Geist beizustehen. Zehn- und mehrmal
kann der Bauherr in diese üble Lage geraten, und ebenso oft
ist es der Makler, welcher ihm beispringen muß, wofür des
letzteren „Wohlwollen" natürlich „anständig" honoriert wird.
Bei Prosequierung eines Grundstückes, wo der Makler
dem neuen Käufer resp. dem besser situierten Lieferanten behülf-
lich sein muß bei Anschaffung der zur Fertigstellung der verkrachten Unternehmung erforderlichen Gelder oder der bis zur
³/₄ Objektwerthöhe rangierenden Hypothekengläubiger, tritt seine
Thätigkeit besonders hervor — ja, wird hier sogar unent-
behrlich.

Um seinen Posten unter so vielen Personen gehörig aus-
zufüllen, muß der Makler eine gewisse Intelligenz besitzen, die
ihm die Lehrmeister Zeit und Umstände auch reichlich gegeben
haben. Leider benutzt er häufig seine überlegene Geschäftskenntnis
dazu, sich seiner mündlichen und schriftlichen Versprechnungen zu
entwinden. Daß er hierbei häufig auf krumme Wege gerät,
bezeugen die bei den Amtsgerichten gegen ihn angestrengten Klagen.

Sehr häufig verbindet der Makler seine Thätigkeit mit der
eines Grundspekulanten und Geldhergebers und umgekehrt in
den verschiedenen Kombinationen, in denen der eine oder andere,
geteilt oder ungeteilt, die übrigen Rollen übernimmt. Es
kommen auch Fälle vor, bei denen der eine der 3 Faktoren
in den Vordergrund tritt.

Hausse mit Beispielen.

Nachdem wir in unserer Einleitung die berechtigte Spekulation besprochen, welche in der Steigerung der Konjunktur liegt,

und nachdem wir auch die unberechtigte Spekulation, welche beim Errichten und Bauen eines Objektes Anwendung findet, kurz andeuteten, indem wir behaupteten, daß der Verdienst beim Bauen durch Leistungen bedungen werden muß und nicht als Glücksspiel angesehen werden darf, nachdem wir endlich Belastungshöhe des Objektes, Rang und Haftbarkeit der Gelder wie auch das Maklergetriebe beleuchtet, so sind wir nunmehr in der Lage, ein klares und deutliches Bild zu entwerfen von dieser entwürdigenden und verächtlichen Spekulation.

Wir unterscheiden, wie angedeutet, eine Hausse und eine Baisse, und haben bereits gesagt, daß das Wesen ersterer darin besteht, einem Unvermögenden während kurzer Zeit unter die Arme zu greifen, um ihn vor der Welt kreditfähig erscheinen zu lassen. Im kritischen Augenblicke läßt man alsdann, wie wir dargethan, den Unglücksmenschen los, um ihn und die letzten Hypothekengläubiger hineinzulegen, was wir durch Anführung der massenhaften Zwangsverkäufe und durch unser Spezialkennen motivieren. Noch klarer wollen wir dies stellen durch Anführung treffender Beispiele, von denen hier eine Folge:

Eine sehr häufig in den Zeitungen vorkommende Annonce ist der Anfang der Schwindelmanipulation. Dieselbe lautet:

„Bauplatz zu verkaufen".

„Ein in vorzüglichster Lage, in der Nähe der Pferdebahn „befindliches Grundstück soll von einem Privatmanne ver- „kauft werden. Baugelder werden ev. gewährt.

„Refl. bel. unter X 221 Exped. d. Bl."

Nach der vorstehenden Annonce hat es für den Nicht-
eingeweihten den Anschein, als ob das Grundstück wegen seiner
günstigen Lage an der Pferdebahn dem Bauenden eine aussichts-
volle Chance bei der Unternehmung biete. Was aber noch mehr
Mut einflößt, ist die zugesagte Beigabe von Kapital. Daß aber
hier seitens der Spekulanten ganz andere Motive obwalten, wird
schon aus Folgendem, denken wir, zur Evidenz hervorgehen.
Beabsichtigt wirklich ein Privatier, einen Bauplatz zu veräußern,
und will er seine Gelder gleichzeitig als Hypotheken anlegen, so
ist, und dies leuchtet dem Unbefangenen sofort ein, jede Annonce
„Blech". Der Mann wendet sich alsdann an einen ihm bekannten
oder wohlrenommierten Maurermeister, Architekten oder Makler,
welche Persönlichkeiten schon das Erforderliche arrangieren
werden. Die versprochene Hilfe von Baugeldern dient nur
als Lockspeise dem Laien gegenüber, den man sich zum
Opfer wählt.

Der Makler, der die Annonce namens des Privatiers
inserierte, erhält als Erfolg seines Kunststückes ca. 2—3 Dutzend
Offerten seitens Bauluftiger. Dies besagt schon im voraus,
wie leicht es ist, ahnungslose und dem Untergange geweihte
Geschöpfe für den wohl überlegten Schlacht- und Raubplan
zu gewinnen. Der erfahrene Bauherr durchschaut natürlich den
ganzen Schwindel sofort und hält somit eine derartige Annonce
für das, was sie ist. Nachdem der Makler mit 5—6 Bau-
luftigen in dieser Angelegenheit Rücksprache genommen, ist endlich nach vorausgegangener Auskunftseinholung der Dumme in
der Person eines mit den hiesigen Verhältnissen nicht vertrauten
jungen Mannes gefunden, der allerdings kein Baarvermögen

2

besitzt, wohl aber sich bis dato rechtschaffen ernährt hat und über einen guten Ruf und Namen verfügt.

Dieser ersteht das betreffende Grundstück durch den er- wähnten Makler, der ihm Schließung von Geldern in 10 % der Mieteeinnahme zusagt. In dem Vertrauen, bei Freunden und Verwandten Unterstützung zu finden, fängt der Hoffnungsvolle seine Unternehmung an.

Zur Hälfte mit seinem Projekte fertig, stellen sich bei ihm Geldschwierigkeiten ein, weil der Makler beginnt, von veränderter Geldlage und Geldknappheit zu reden. Sachen, die der Bauende nicht in Rechnung gezogen hat, weshalb dieser nunmehr hohe Zinsen gutheißen muß und die Thätigkeit des Maklers gehörig zu „schmieren“ hat. Das Projekt wird aber fertig, und die Vermietung der Wohnungen nimmt einen durchaus befriedigenden Verlauf, sodaß thatsächlich Freunde und Verwandte interessiert werden. Der wunde Punkt kommt alsbann ans Licht, indem ein vor den Geldern der letzteren rangierender Posten nicht anzuschaffen ist, da der Makler be- hauptet, für Schließung fester Gelder keinerlei Verpflichtung übernommen zu haben. Die Finale ist also Subhastation des Ganzen. Weil das Grundstück in sich keinen größeren Kauf- wert birgt als wie die den Geldern von Freunden und Bekannten vorrangierenden Pöste ausmachen, so gehen letztere leer aus. Für die verloren gegangenen Hypotheken ist nun der Bauherr der Haftende. Zum Offenbarungseide getrieben, steht der Unglückliche vor den Geschädigten wie ein Betrüger da, da er scheinbar deren Güte arg gemißbraucht hat. Sehen wir uns nun den eben geschilderten Vorgang etwas näher an, so finden wir in erster Linie den betreffenden Grundspekulanten schuldig, indem er sich den Grund mit mehreren tausend Mark zu teuer bezahlen ließ. Nicht etwa schlechte Materialien oder ungünstige Vermietung sind die Ursache der traurig endenden Unternehmung, sondern der Wucherpreis des Bodens, welcher acceptiert wurde, wie auch die enorm hohen Zinsen und Maklerkourtage. — Weil die kapitalistischen Kreise besser orientiert sind als der Bauende über Gläubiger, welche gewerbsmäßig Wucherzinsen nehmen, und daher keine Lust verspüren, in solche Objekte hineinzugehen, so hält man sich von dem Bauenden fern, indem man schon im voraus das Gefühl in sich trägt, daß die Sache eine kritische zu werden verspricht. Dasselbe gilt auch für gewisse Maklerfirmen hinsichtlich des Kourtageanspruches. Sobald die Zinsen nicht mehr fallen, oder dieser resp. jener Diskontoposten, der laut einer im voraus durch den Geldmann angefügten Klausel fällig sein sollte, nicht bezahlt wird, tritt der zwangsweise Verkauf des Grundstückes ein, und sind die letzten Gläubiger alsdann die Verlusttragenden. Ein schöner Feldzugsplan. — Bei Licht betrachtet, ist die ganze Handlungsweise eine raffinierte Bauernfängerei. Dem Bauherrn, welcher den Makler wegen der gemachten Zusage gerichtlich zu belangen wünscht, kann ein Recht nicht zugesprochen werden, da dieser rundweg erklärt, Vermittler zwischen Kapital und Arbeit zu sein weshalb man ihn unmöglich für veränderte Zeiten zur Rechenschaft ziehen könne. „Wären die Zeiten dieselben geblieben", sagt er, „hätte ich mein Versprechen erfüllt".

Grundspekulant.

Ein Grundspekulant, der sich zu Preisen von 25 ₰ pr. Quadratfuß Plätze gekauft hat, teilt das Gesamte

2*

in 50 und mehr Parzellen. Jeder dieser Parzellen wird eine gehörige Rente vorgesetzt, wobei der Spekulant bereits ein Vermögen verdient hat. Mehrere mit dem Bauschwindel vertraute, ehemals Geleimte sind Helfershelfer, sodaß das Bauen losgehen kann! Das Geschäft wird hier en gros betrieben, und werden Preise von ungefähr M 1.50 bis 2.— von dem Baulöwen acceptiert. Man schafft dadurch Gelder an, daß der Spekulant seine Position verschiebt indem er seine Gelder hinter ausreichende Lohnpöste setzt, welche ca. bis zum halben Objektwerte gehen und die Fertigstellung des Baues bedingen. Gleich Pilzen schießen jetzt Gebäude in Form elender Jammerkasten aus der Erde hervor. Ob selbige hinterher vermietet werden oder nicht, kann ja dem Spekulanten vollständig gleichgültig sein. Hinter Lohnpösten und dem Spekulanten rangieren nämlich sämtliche Lieferanten, zu deren Heranziehung die Sache folgendermaßen gemacht wird: Die einzelnen Parzellen werden excl. Baugelder zu je zwei an den Bauenden abgegeben. Einmal ist es der Stein- und dann wieder der Holzlieferant, dessen Totalforderung für das Gesamte nur in ein Objekt eingeschrieben wird, anstatt in beide, weil es für den Spekulanten schwieriger sein würde, den Holzlieferanten zu bewegen, ohne Garantie dem Steinlieferanten zu folgen. Es muß daher diese Spekulationserfindung als sehr pfiffig betrachtet werden. Einige Groß-Lieferanten sind hierbei nicht ganz scheu, selbst für den Fall, daß sie gezwungen wären, in ihren Pösten zu kaufen, da der Wert bis zur Höhe ihres Geldes thatsächlich vorhanden ist, indem Handwerker wie Tischler, Töpfer, Schlosser u. s. w. nach ihnen stehen und erst ihre Gelder einbüßen müssen, bevor erstere in die üble Lage geraten, kaufen zu müssen.

Außerdem wäre ja der Umstand denkbar, daß der Kram gegen ein günstigeres Objekt eingetauscht werden möchte. Der Spekulant ist somit im Trocknen, und die übrigen mögen sich vor Nässe schützen. Findet Subhastation statt, so ist wenigstens das Gute dabei, daß weder Makler noch Wucherer in diesem Falle zu beschuldigen sind. Der Schuldige ist der Grundwucherer.

Grundwucherer.

Zwei Gebrüder, Maurer und Zimmermann, fangen auf Zureden eines Schenkwirts, der ein größeres Areal in abgelegener Gegend besitzt, auf diesem zu bauen an. Drei Doppelhäuser werden aufgerichtet, nachdem die Gebrüder Lieferanten und Handwerkern gegenüber als wohlhabend geschildert sind. Der Wirt, gleichzeitig Diskontgeber, hatte durch Rücken mit seinem außergewöhnlichen Gewinne, den er bei dem Verkaufe der Plätze erzielt, hinter einen bis zum halben Objektwerte gehenden Posten, das Bauen ermöglicht. Nach Vollendung der Unternehmung ist kein Kapitalist zu bewegen, mit seinem Gelde hinter den Wucherverdienst einzurücken. Der Verlust der letzten Gläubiger ist die Ernte des Wirtes.

Geldwucherer.

Ein Maurerparlier wurde von einem Freunde, der früher selbst gebaut hatte, aufgefordert mit ihm bei Errichten eines Baues in Compagnie zu gehen. Den Bauplatz hatte sich dieser schon ausgesucht, und an ausreichenden Geldern würde es auch nicht mangeln, hieß es, da dieserwegen unter Vorlegung eines Baurisses mit einem Geldmanne Rücksprache genommen war. Man schloß also das Bündnis, indem auf diese Weise ein seit langem gehegter Wunsch des Parliers sich zu verwirklichen schien. Es wurde abgemacht, den Platz auf den Namen des Parliers zu schreiben, während hinwiederum für dieses Vertrauensvotum der Freund mit einer Generalvollmacht abseitens des Bauherrn bedacht wurde. Der Bauplatz gehörte einer Witwe, die ihn zu einem moderaten Preise abgab. Die Lohn- und Diskontpöste erstreckten sich bis zum halben Objektwerte. Nach vielem Parlamentieren und Berechnen wurde der Grundstein zu dem herrlichen Bau gelegt, und alles ging scheinbar gut, indem der Bau nach stattgehabter Richtfeier in vollem Glanze darstand. Nur die Berechnung hatte sich nicht besonders stichhaltig erwiesen, weil man die Baukosten erheblich überschritten durch zweimalige Prolongation der Gelder, was derb in die Papiere riß. Außerdem erklärte sich der Kapitalist nur gegen angemessene Extravergütung zur Hergabe der von der halben bis zur dreivierte Objekthöhe erforderlichen weiteren Gelder bereit. Klempner, Tischler, Maler, Tapezier und Glaser wollten die im Vergleiche zu ihren Privatverhältnissen nicht unbeträchtlichen Restforderungen haben. Umwandlung der Diskontgelder in feste war bereits erlangt; es handelte sich nur noch um die Anschaffung letzter Pöste, um die man sich aber vergeblich bemühte. Prosequierung trat als nächste Folge nicht nachgekommener Verpflichtungen alsdann ein, während der Offenbarungseid den Schluß bildete zu Ungunsten der mit leeren Händen ausgehenden letzteren Hypothekarier und Geschäftsfreunde. — Die Zubilligung der Generalvollmacht war für den Freund des Parliers deswegen von einem so großen Werte gewesen, weil dieser ohne eine solche nie einen Bau hätte anfangen können, da er bereits seit Jahr und Tag mit einer Schuldenlast von ca. ℳ 10,000 umherlief, was er so zu verdecken vermochte. Der Freund hatte während einer Weile ein schönes Leben geführt, und der Geldhergeber, durch den auch r s. Z. geleimt wurde, zog durch die doppelte Prolongation und das bei derselben eingeheimste Profitchen die Unternehmung in den Sumpf.

Makler.

Ein Schieferdeckermeister, der seit langem mit dem Gedanken umging, für eigene Rechnung zu bauen, wandte sich dieserhalb an einen Makler, der sich bereit erklärte, ihm eine Bau-stelle zu besorgen, doch hatte ersterer diesem für fernere Zu-sagen in jede der beiden Folieen des Bauplatzes $\mathcal{M}$ 2000.— eintragen lassen, abgesehen von seinen weiteren berechtigten Kourtageansprüchen, Provision und Kommission. Dieselbe Mani-pulation wird gegen den Platzverkäufer zur Anwendung gebracht. Lieferanten von Steinen, Holz, Cement, Kalk ꝛc. müssen alle ihren Tribut zahlen. Selbst der Diskontgeber erkennt unserem Helden die Provision von 2 % zu. Die Lieferanten hätten es auch leicht auf Kosten des Bauherrn thun können, indem sie die Preise ihrer Waaren ein wenig in die Höhe geschroben. Daß eine Verschiebung dadurch zu ungunsten der letzten Gläubiger entstanden, ergiebt sich aus dem Umstande, daß die Doppel-unternehmung im Werte von $\mathcal{M}$ 130,000 mit $\mathcal{M}$. 140,000 beschwert wurde und infolge der nicht sofortigen Vermietung im Zwangs-verkaufe nur einen Preis von $\mathcal{M}$. 101,000 erzielte. Der Schieferdeckermeister trug hinterher die nette Schuldenlast von $\mathcal{M}$. 39000, während der Makler Käufer des Grundstücks war.

Grundspekulant und Diskontgeber.

Ein intelligenter Zimmermeister und Bureauzeichner, dem der Bauschwindel unbekannt, wurde von einem hiesigen sich

Großgrundspekulant und Bankier nennenden Manne veranlaßt, eine größere Anzahl Gartenhäuser zu bauen, die bekanntlich nur eine Beschwerung von 50—60 % tragen dürfen. Materialien und Gelder wurden hier von dem Bankier geliefert. Der Zimmermeister hatte bereits durch einen während des Bauens stattgehabten glücklichen Verkauf ein kleines Sümmchen verdient. Es wurde mit dem Aufrichten weiterer Gartenhäuser begonnen, jedoch versagte diesmal die Glücksgöttin ihre Gunst, indem die Kauflustigen sich nicht wie im vorigen Falle sogleich einstellten. Der bereits 2 Jahr mit dem Geldmanne arbeitende Zimmermeister war nunmehr völlig auf diesen angewiesen, indem es ihm selbst platterdings unmöglich war, die über den halben Objektwert hinausgehenden Gelder anzuschaffen. Die Häuser wurden also Eigentum der Lieferanten, und der Unternehmer erlitt keine geringe Einbuße, indem er eine Schuld von über ℳ. 100,000 hatte. Er hielt es für geraten, ins Ausland zu gehen, und der Bankier setzt seine „Witze" bis auf den heutigen Tag fort, sobald er nur die Tölpel dazu findet.

Grundspekulant und Makler.

Ein Zahnarzt hatte sich bereits durch seine Operationen, weniger jedoch an Zähnen vorgenommen als an deren Trägern, die er an der Nase umhergeführt, ein schönes Vermögen angeschafft, sodaß er sich Besitzer eines eigenen Hauses und mehrerer Bauplätze nennen durfte. Seine vorteilhafte Vermögenslage verdankte er dem flotten Verkaufe letzterer, wobei es für die Bauenden durchgehends nicht besonders günstig auslief. Besagter Herr hatte die Kourage, seinen Titel Zahnarzt mit dem eines Partikuliers zu vertauschen. Leicht war es nicht, die Plätze loszuwerden und Gelder anzuschaffen, da bereits mehrere Bauten verkrachten. Aber wo die Not am größten, ist — der Makler am nächsten. Einem solchen Herrn, der in den letzten 6 Jahren durch „Abschlachten" von 20—30 Bauherren berühmt geworden, gelang es mit Hilfe einer verlockenden Annonce, das Ersehnte zu erlangen. Von den vier vorhandenen Bauplätzen übernehmen ein Maurergeselle und ein Maurerarbeitsmann je zwei. Das Bauen nahm seinen Verlauf, doch erreichte das Grundstück nur Richtfertigkeit, da der Makler durch seine Verrufenheit und Spezialität, welche darin bestand, gewerbsmäßig Lohnpöste bis zum ⅓ Objektwerte anzuschaffen, die Stein- und Holzlieferanten zum Ankaufe zwang.

Als dann die verschiedenen Lieferanten ihre Pöste in Gelder umgesetzt wünschen, erklärt der Makler, eine weitere Verpflichtung als die für Anschaffung der Lohnpöste nicht übernommen zu haben trotz abgegebener schriftlicher Erklärung, zehnprozentige Gelder bis zum ¾ Objektwerte schließen zu wollen. — Der Makler hatte dieser seiner Unterschrift das Wörtchen „vidi" (gesehen) vorgesetzt, was nicht auffällig erschien. Eine gerichtliche Verfolgung seitens der Lieferanten blieb erfolglos, da der Makler durch das geschriebene „vidi" keinerlei Verpflichtung übernommen. Er hatte den vom Bauherrn unterschriebenen Verpflichtungsschein eben gesehen und dies durch seine Unterschrift bekundet, und weiter ging ihn die Sache nichts an. Er verwies die ihn Bestürmenden ganz einfach an den Bauherrn, erklärte sich jedoch bereit, noch zurückbehaltene Lohnpöste zu zahlen, sobald der Bau seinen Fortgang nähme. Ohne die Güte des Maklers ferner in Anspruch zu nehmen, mußten die Lieferanten die Sache vollenden, indem sie die-

ziemlich hohen Zinsen und Kosten, welche durch Umschreibung
des während ca. eines halben Jahres stille liegenden Baues entstanden, bezahlten. Der Zahnarzt erreichte seinen Zweck und
konnte nunmehr en gros spekulieren, während der Makler dem
„vidi" noch das cäsarische veni u. vici in Gedanken vor- resp.
nachstellen mochte, sich seiner durch Schlauheit erhaschten Beute
freuend. Von den beiden Bauherren wanderte der eine, welcher
unverehelicht war, aus, während der andere als Familienvater
eine Schuld von mehreren tausend Mark trug, die er nie decken
konnte.

Geldwucherer — Spekulant.

Zwei der berüchtigsten „Kavaliere," ein Diskontgeber und
ein Grundwucherer, betrieben als ihre Spezialität Hergabe erster
Gelder unter Anhängung 5 prozentiger Klausel, erst nach 20
und mehr Jahren kündbar. Auf ihre Trompetenstöße hin erschien
stets eine Menge Baulustiger, deren Unternehmungen, falls sie
sich auf solche einließen, alle fehlschlugen. Bauende mit Schluß-
noten in Händen dieser Herren waren ohne Gnade zum Tode
verurteilt, denn bei Anschaffung der Gelder machten die über-
mäßige Rentenhöhe wie auch die Klausel einen derartigen
Eindruck in den Augen anständiger Geldhergeber, daß diese
Abstand nahmen vom Darleihen des Geldes. Die durchgehends
bis zur Hälfte vollendeten Unternehmungen mußten von Lieferanten
übernommen werden. Das Schicksal der Bauherren wie auch
der weitere Gang der Sache war den „Kavalieren" egal.
Die durch Unkenntnis anerkannte Rente und Zinsklausel mußten
seitens der Lieferanten acceptiert werden, da diese ihre Forderungen
für Holz und Stein, welche vorläufig gegen Hypothek geliefert
waren, zu verteidigen hatten.

Ein Maler und ein unerfahrener Maurermeister, von Denen sich ein jeder bislang ehrenhaft durchschlug, wandten sich, nachdem sie die von einem Makler im Auftrage erwähnter Kavaliere erlassene „Baugelder"-Annonce gelesen, an diesen Makler. Derselbe, dessen Gewissenselastizität sehr weit ging, verdolmetschte den ganzen Kram. Unter seiner Garantie wurden die Steine von kleinen, unbedeutenden Ziegeleien bezogen, da ansässige Lieferanten sich in diesem Sonderfalle bestens dafür bedankten. Mit dem Holze gings nicht besser. — auch solches wurde „importiert". Nachdem das Bauen eine Weile rüstig vorwärtsgeschritten, stellten sich bei der dritten Etagenhöhe plötzlich Schwierigkeiten ein, da eine Lichtklausel abseitens der Behörden noch nicht erzielt war. Bis zum Erlangen derselben verflossen 6 Wochen, in welche Zwischenzeit unglücklicherweise der bei Richtfertigkeit stattzuhabende Zahltermin fiel. Der Makler, an den die Lieferanten sich wandten, verwies sie an die Bauenden mit der Bemerkung, daß er seinen Verpflichtungen nachgekommen wäre, wenn der Bau keine Unterbrechung erlitten hätte. Auch der Geldmann wollte aus diesem Grunde und mit Rücksicht auf eine in seine Schlußnote eingeflochtene Klausel kein Geld mehr hergeben. Prosequierung, wie gewohnt, Schlußresultat! Der pure Zufall war hier Makler und Geldmann von großem Nutzen gewesen. Die beiden Bauenden fingen nach rund 1½ Jahren „für dieselbe Firma" eine ähnliche Unternehmung an, was ihnen jedoch nur dadurch ermöglicht wurde, daß sie seitens anderer Dumme für diese Fälle Generalvollmacht erhielten. Zwar gingen auch diese neuen Geschichten schief, bürdeten jedoch den Bauenden keine weiteren Schuldenlasten auf, da solche von den die Vollmacht erteilt

habenden Leichtsinnigen zu tragen waren. Erstere hatten ein
angenehmes Leben geführt, während das Ganze eine Ausbeutung war, wie sie tückischer nicht gedacht werden kann.

Geldwucherer — Makler.

Veranlaßt durch das nicht erforderliche Auszahlen bei
Erlangung einer Baustelle fängt ein Gypsermeister in einer
an und für sich guten Gegend trotz Abratens seines Schwagers,
der Tischlermeister ist, das Bauen an. Der Gypser, der darauf
besteht, mit vollem Rechte ebensogut wie jeder andere bauen
zu können, veranlaßt seinen Schwager durch das scheinbare
Gelingen seiner Sache zur Übernahme sämtlicher Tischlerarbeiten,
indem letzterer einen Posten von M. 1000 mehr als seine Forderung
betrug als Hypothek in das Grundstück eingetragen bekommt.
Nach zweimaligem vergeblichem Rücken seines Geldes zu gunsten
des Schwagers, hilft er diesem nochmals durch Ingangsetzen
von Wechseln, deren Acceptant er ist, und die von dem Gypser
ausgestellt werden. Nach zwei Monaten wird die Unternehmung
öffentlich zum zwangsweisen Verkaufe angeschlagen. Die hinter
³/₄ Objektwert rangierenden Pöste in Händen verschiedener
Lieferanten, hinter denen der Tischler steht, gehen verloren.
Ein Diskontgeber und Privatier hat, da das Unternehmen
gesund erschien, einen kleinen Posten zwischen ³/₄ = ¹²/₁₆ bis
¹³/₁₆ einschreiben lassen, worin er kauft. Ungeheuere Zinsen und
zu große Opfer an den Makler im Vereine mit Habsucht des
ersteren, unterstützt von Unkenntnis über Belastungshöhe, zu
geringe kaufmännische Bildung der Unternehmer sind die Ursache
des Ruins. Der Gypsermeister ist für sein ganzes Leben fertig

mit der Welt, wohingegen dem Tischler eine Irrenanstalt beschieden.

Makler und Spekulant.

Ein Maurermeister, der schon bei Vollendung einer früheren Unternehmung in eine kritische Lage gekommen, da das Seine subhastiert werden sollte, beschloß, auf Anraten eines renommierten Häuseragenten eine zweite ziemlich große Unternehmung zu beginnen, um so vielleicht die erste Scharte auswetzen zu können. Im Vertrauen auf eine bessere Zukunft und bethört wie auch betäubt durch den freundlichen Rat des Maklers, den dieser sich durch „stramme" Kourtage bezahlen ließ, faßte der Maurermeister, dessen Phantasie angefeuert war, die Unternehmung an. Um dem Bauenden einen ausgedehnten Krebit zu verschaffen, wurden ein fingierter Kaufpreis und eine fingierte Mieteeinnahme aufgestellt. Der Makler erhielt einen fingierten Posten und erklärte sich Lieferanten gegenüber bereit, mit diesem Posten zu rücken, was jenen das vollste Vertrauen zur Sache einflößen mußte. Der Maurermeister war gezwungen, einen nicht über Pupillengelder hinausreichenden Posten unter Vorspiegelung des Verkaufs mit einem Verluste von ℳ 5000 loszuschlagen. Am Schlusse des Unternehmens, wo der Makler noch immer mit seinem fingierten Posten die letzte Stelle einnahm, wurde das Objekt ℳ 40.000 unter Belastungshöhe öffentlich verkauft. ℳ 10.000 betrug der fingierte Posten des Maklers als Lockspeise für Lieferanten und kleine Handwerker. ℳ 20.000, die der Grundspekulant geerntet hatte, wurden zur

Hälfte mit dem Makler geteilt. Außerdem heimste dieser
M. 5000 bei dem Hypothekenverkauf und .M 5000 als weitere
Kourtagehonorare ein. Diese sämtlichen Gelder lagen in dem
³/₄ Objektwerte verborgen. Endresultat: Schuldenlast des Bauherrn und Verlust der Gläubiger. Entschuldigung des Maklers:
Er wäre selbst als Mitbetrogener, der M. 10.000 infolge falscher
Vorspiegelungen des Bauherrn eingebüßt, zu bedauern. Daß
der Bauherr über solche Manipulation schweigt, ist selbstredend,
da er dieselbe gebilligt.

Makler und Geldwucherer.

Eine sich Architekt nennende Person, in Wirklichkeit ein
Bauzeichner, vereinte auch ab und zu die Thätigkeiten eines Bau-
agenten, Maklers und Hypothekenschiebers mit der ersteren,
speciell wenn mehrere Dumme zu finden waren. Genannter
Bauzeichner war infolge seines feinen Auftretens gern gesehener
Gast bei einer Witwe, die neben einem schönen Gartenhause
ein schuldenfreies und vermietetes Stück Wiesenland besaß.
Der Umstand, daß also die Weide ohne Belastung war, mochte
bei dem Freunde den Gedanken erweckt haben, daß hier vielleicht
ein prächtiger Coup zu machen wäre. Er schlug daher der
Dame vor, das Land für Bauzwecke herzugeben, wobei er jedoch zum ersten Male auf Widerstand stieß, da die Eigentümerin
ihm bedeutete, daß ihr Besitztum hierdurch leiden würde, und
sie außerdem von dem Baufache keine Ahnung hätte. Ein
zweiter Versuch war für den Freund günstiger, er regte die
Phantasie der Frau durch Vorlegung und Auseinandersetzung
eines großartigen Entwurfes oder Bebauungsplanes an und
wies darauf hin, daß die Façade den Garten entlang laufen

würde, und daß das Gebäude nur bessere Wohnungen mit Bade-einrichtung zu erhalten hätte. Der schlaue Bursche hatte gesiegt, indem die Dame eine Veräußerung zugab: Anschaffung von Bauherren war Nebensache, nur die Gelder wollten noch nicht so kommen wie gewünscht, da die Kapitalisten nicht sonderlich Neigung verspürten, ihr Geld in ein Objekt mit so teuren Wohnungen zu stecken, zumal dasselbe ziemlich abgelegeu war.

Der Bauzeichner, sich in diesem Falle als Makler aufspielend, ist nicht faul und überredet die Dame, mit ihrem Kaufpreise der nach voraufgegangener Vereinbarung als erstes Geld stehen bleiben sollte, zu rücken, wodurch das Spiel gewonnen ist. Als Entschädigung dafür, daß die Dame mit ihrem Gelde bis zur halben Höhe der Feuerkasse rückt, sollen ihre Gelder einen um $\frac{1}{2}$ % höheren Nutzen erzielen. Eine bekannte wuchertreibende Persönlichkeit war der Geldmann, welcher bis zur Hälfte die Gelder hergab, die gleichzeitig Fertigstellung des Objektes be-dingten. Durch diese Vereinbarung mit dem Geldmanne war schon ein Unrecht gegen die Dame geschehen, da selbige mit ihrem Gelde nur nach dem Geldmanne rangieren konnte, wo-hingegen sie doch nur zugegeben hatte, bis zur Hälfte rücken zu wollen. Es war ein schlaues Arrangement seitens des Bau-zeichners, alias Architekten, einen Tischlermeister und einen Dachdeckermeister als Bauherren zu gewinnen. Die Bauten gingen ihrer Vollendung entgegen, und der „Architekt" blieb bemüht, die Bauherren überall als gutsituiert hinzustellen. Wer konnte hierbei wohl an eiu Sonderinteresse des Bauzeichners denken? Wie gesagt, gingen die Bauten ihrer Vollendung entgegen — was aber auch alles war, — denn fertig wurdeu sie nicht, weil man sich am Schlusse nicht länger mit Wechseln abspeisen ließ, und die Pflasterung der Höfe, Gasanlage, Malerarbeiten, Badeeinrichtungen etc. etc. nur gegen cash down ausgeführt werden konnten. Allerdings waren die Wechsel erst in ca. 6 Wochen fällig, aber man hielt es dennoch für ratsam, für fernere Leistung ein wenig klingende Münze zu sehen. Was aber nun? Fiel das Geld? Das nicht, aber Prosequierung trat ein, und die bedauernswerte Witwe, um nicht ihr ganzes Vermögen zu verlieren, mußte in ihrem Posten kaufen, da sie außer mit Grund und Boden noch mit einer beträchtlichen Summe in die Unternehmnng hineingegangen war. In der Tasche des Flaneurs befanden sich mehr als M. 35000, die er sich unumwunden für Bauleitung, Architektenhonorare und Maklerkourtage anrechnete. Diese Summe, welche der Architekt sich allmählich bei Auszahlung der Gelder reserviert hatte, setzte sich zusammen aus M. 14000 für jedes Doppeletagenhaus nebst 3 Terrassenhäusern, sowie M. 7000 als Entschädigung für die Gesamtmaklerleistung. Die Witwe war 2 Jahre nach Vollendung des Unternehmens um ihr ganzes Vermögen ge- bracht, da sie jährlich infolge schlechter Vermietung und über- mäßiger Verzinsung die Hälfte zusetzte. Der Bauzeichner, alias Architekt, Hypothekenschieber, Makler etc. machte jährlich Bade-Reisen, und der Geldmann hatte als Extrabonifikation neben hohen Zinsen M. 10.000 erhalten. Der gewesene Bauherr und Tischler konnte Bauagent spielen, um andere hineinzulegen, und der Dachdecker, welcher sich dem Trunke ergab, wurde später bei einem Einbruche abgefaßt, deren er außerdem noch 14 verschiedene auf dem Gewissen haben soll.

Baisse mit Beispielen.

Daß bei dieser Spekulation noch vorsichtiger operiert werden muß als bei ersterer, unterliegt wohl keinerlei Zweifel. „Noch
raffinierter?", wird der Leser dieses Buches sich unwillkürlich
fragen, — „ist denn das bisher Dargelegte nicht das denkbar
Äußerste, was je menschliche List und Verschlagenheit ersinnen
konnten?" — „Jawohl, noch raffinierter!", sagen wir. Die
jetzt folgenden Beispiele werden es schön zeigen.

Häuseragent.

Ein jugendlicher und lebensfroher Maurermeister hatte
gelegentlich der Erwerbung einer lieblichen Gattin ein Vermögen
von etwa M 20.000 bekommen. Als Mann von Ehr-
gefühl, der sich nicht auf die Bärenhaut legt, und beseelt von
dem Gefühle der Dankbarkeit gegen Frau und deren Eltern,
beschloß der Neuvermählte, in guter Gegend ein im voraus
viel versprechendes Projekt anzufassen, um seinen Verwandten
wie auch der Welt seine Fähigkeiten und Schaffensfreude offen-
kundig zu zeigen. Ein seit mehreren Jahren mit dem Schwiegervater befreundeter Häuseragent schloß sich dem jungen Manne
an, was gewissermaßen als ein günstiges Omen für ein glück-
liches Gelingen anzusehen war. In dem nicht unbedeutenden Bau-
objekt wurde durch gepflogene Unterredung mit genannter Persönlichkeit und durch schriftliche Vereinbarung Schließung der
Gelder bis zu 90 % des Objektwertes, die Mieteinnahme als
Basis angenommen, gesichert. Auf Anraten des Maklers, der auf
die günstige Kaufgelegenheit und den baldigen, eventuellen Wiederverkauf hinwies, kaufte der Bauherr gleichzeitig mehrere bedeutende
Landflächen an, die das in Frage stehende Grundstück umgaben.

Nachdem das Ganze ohne bemerkenswerte Schwierigkeiten zu Ende geführt, sieht es mit der Vermietung sehr flau aus, weshalb wiederum auf Befürwortung des Maklers die Mieten für die Dauer von 1½ Jahren herabgesetzt werden. Ein Jahr später trug man die goldigen Hoffnungen mit der Prosequierung des Grundstücks zu Grabe. Hier war die Thätigkeit des Maklers beendet, nachdem er vermöge seiner „Menschenliebe" sich einen kleinen Posten hinter ¾ W'ert reserviert hatte, allerdings auf fingiertem Namen. Inzwischen war bereits Rücksprache mit einem noblen Kollegen genommen, der alsdann „Anklopper" wurde. Nach genauer Voraus- beurteilung der Vermögensverhältnisse von Schwiegervater und Schwiegersohn abseitens des Maklers war der Streich gelungen. Der Makler entband sich hier von seinem gegebenen Versprechen, bis zu 90 % schließen zu wollen, indem er den Bauherrn zur Reduzierung der ursprünglichen Mieten veranlaßte. Eben diese reduzierten Mieten und nicht etwa die ursprünglichen gab der Makler als Norm an, sodaß er vor dem Gerichte nicht zu belangen war. Hätte der junge Bauherr sich nicht zu der Mieteherabsetzung bereit erklärt, so hätte der Makler seinem Versprechen nachkommen müssen; wie konnte aber der Jüngling Schlechtes ahnen? Dem Übertölpelten wäre auch dann noch Rettung geworden, wenn er die sein Grundstück umgebenden Landflächen nicht angekauft. Der Makler dachte selbstverständlich nicht an Wiederverkauf, da Grund und Boden viel zu teuer bezahlt waren. Er wollte die Gelder des Schwieger- vaters und Sohnes, deren beide Familien zu Grunde gingen. Ersterer hatte bis zur Erschöpfung seiner Kräfte Zuschuß geleistet und mußte schließlich, um nicht zu verhungern,

Armenrecht nachsuchen, während der Sohn sich eine Kugel gab, und dessen Frau in einer Irrenanstalt endete.

Häuseragent.

Ein nicht nur technisch, sondern allgemein geschulter Mann wurde von einer Gaunerfirma folgendermaßen hineingelegt: Ersterer, durch die erwähnten Eigenschaften den Inhabern der Firma wohlbekannt, verbürgte in seiner Person bereits eine außerordentliche Kreditfähigkeit. Die Firma, welche im Bauen sehr engagiert war und ausgedehnte Grundareale besaß, veranlaßte genannten Herrn, sich in das Baugebiet hineiuzubegeben, weil er als Mann von Kenntnis auf diesem Gebiete schon eine Zukunft finden würde, wie man ihm sagte. Nach einigen glücklichen Unternehmungen hatte der junge Mann sich schon ein anständiges Vermögen erworben und natürlich die Firma derart bedacht, daß selbige wohl zufrieden sein konnte. Weil aber der Bauende jetzt vermögend geworden war, so galt er der letzteren als Zielscheibe. Infolge des Vertrauens, das er ihr mit Rücksicht auf die intime Geschäftsverbindung entgegenbrachte, fing der junge Mann auf Veranlassung der Firma weitere vielversprechende Unternehmungen an. Bei Vollendung derselben trat aber Geldmangel ein, weil nach Aussage des Chefs beregter Firma wegen der allgemeinen Geldknappheit (!?) keine Gelder anzuschaffen waren. Der junge Bauherr, um in den Besitz von Geld zu gelangen, mußte Hauspöste, die er bei früheren Unternehmungen erworben, als Hypotheken seinen „Freunden" zutragen. Trotzdem man ihm keine Hoffnung machte bezüglich des Verkaufs der Hypotheken, so erklärte sich dennoch ein Verwandter der Firma, der im voraus informiert war, bereit, gegen Verlust seitens des Bauenden von beinahe einem Viertel des Wertes zu kaufen, was allerdings nur teilweise Hilfe brachte, indem eine Unternehmung gesichert wurde. Für die weiteren fand aber der Bauherr Beistand bei Verwandten, sodaß also diesmal der auf ihn abgegebene Bogenschuß fehlschlug. Um nun den eigentlichen Vermögensstand des jungen Mannes auszuforschen, gab die Firma diesem ihren Buchhalter zur Assistenz, „da so sicherer gehandelt werden konnte." Ein Jahr nachher war der Bauherr um seine Habe gebracht und befand sich in versteckter Form in Händen der Freunde; auch trug er eine kleine Schuld von über M 30,000 und wurde zum Offen- barungseide getrieben, sodaß er für seine Person geliefert war. Der Buchhalter, welcher durch seine „liebenswürdige" Thätigkeit ein genaues Bild der Gesamtlage des Status erhalten, erteilte hinterrücks den Gläubigern Winke, den bisher gewährten Kredit fallen zu lassen, was selbstverständlich dann auch geschah. Wie es heißt, hat besagte Firma in einem Jahre 16 Bauherren hineingelegt und hierbei ein Jahreseinkommen von über M 200,000 gehabt.

Häuseragent.

Ueber einen Fall wollen wir berichten, bei welchem das Opfer des höheren Bauschwindels sich seit 2 Jahren mit über- menschlicher Kraft bemüht hat, alle gegen dasselbe ausgeführten Attentate zu parieren. Jetzt, wo wir diese Zeilen schreiben, ziehen sich die betreffenden Fäden enger und enger zusammen, die Geschichte des Bauwesens um einen weiteren und jedenfalls nicht zu bestrafenden modernen Raub zu bereichern. Wir müssen uns hier auf die denkbar kürzeste Ausdrucksweise beschränken, da der Buchraum, den wir uns als Ziel gesteckt, bei weitem nicht ausreichen würde, wenn wir uns eingehend mit bem Falle beschäftigen wollten. Die Summe, welche man zu erbeuten gedachte, überstieg diesmal M. 150,000, sobaß die Mühe und Arbeit, die man sich hierbei vielleicht gegeben haben mag, um obige Kleinigkeit einzustreichen, ganz nett bezahlt ist, wie wir denken. Der Gönner ist ein unter der Larve eines ergrauten Maklers operierender Raubritter, der nachweislich Hausse- resp. Baisse-Opfer dutzendweise herangezogen und dieselben nach stattgehabter Ausplünderung der Not und dem Elende preisgegeben hat. — Herr N., mit den Verhältnissen nicht vertraut und Besitzer eines Baarvermögens von über M. 60,000, wünschte betreffs besserer Kapitalanlage seine Gelder in einem vorzunehmenden Bauprojekt zu plazieren. Seitens eines Freundes wurde er an jene „hochachtbare" Maklerfirma avisiert, was ihm als Fremden sehr lieb war. Nach eingenommenem Frühstück in der Wohnung des „ehrwürdigen" Graukopfes wurde noch an demselben Tage der Kauf perfekt, der 3 Grundstücke begriff, von denen zwei teilweise bebaut waren, während das dritte freies Gartenland war. Unter den Freundschaftsbeteuerungen des Alten, der ihm wie ein **Vater** seinem **Sohne** **zu rathen** versprach beschloß nun Herr N., auf dem Gartenland eine Häuserreihe zu errichten, wie auch dieser sich damit einverstanden erklärte, daß N. Gläubiger und dessen Verwandte Kaufherren der Gesamtunternehmung seien. N. war außerdem Generalbevollmächtigter der letzteren. Nachdem der Bauende unter uneingeschränktem Kredite die Sache bis zur Hälfte vollendet, wandte er sich zwecks weiterer Gelder an den Makler, wurde aber dort sehr kühl empfangen, weil er der Maklerfirma nicht zugestanden hatte, für ihn die Materialien zu beschaffen. Auf Anraten der Firma hatte N. bereits sein ganzes Vermögen hergegeben, weil es hieß, daß nicht eher Gelder anzuschaffen wären, bevor auf dem Platze thatsächlich ein Pfandobjekt errichtet stehe. Ein Drittel des noch erforderlichen Geldes bot man nun dem N. an. Dieser, seine trostlose Lage erkennend, lehnte dankend ab, da er lieber jedem anderen Gauner in die Hände fallen wollte als demjenigen, der sein Vertrauen so arg gemißbraucht und für ihn die augenblickliche und weitere Notlage geschaffen hatte. Der Kampf nahm seinen Anfang. N. mußte Spießruten von Makler zu Makler laufen; überall kannte man sein Projekt, ehe er gar den Mund geöffnet, und schrie ihm die Worte entgegen: „Glauben Sie, daß wir für Sie die Kastanien aus dem Feuer holen? — Ihr Geld sind Sie los wie kein zweiter Mensch. Hätten Sie uns als Makler gehabt, so säßen Sie jetzt nicht in der Suppe. Übrigens ist es nicht unser Geschäfts= bezirk." — Ein Herr half in diesem Augenblicke allerdings mit einer namhaften Summe, ließ sich hierfür aber auch schön bezahlen. Nachdem Geld und Unternehmung ihr Ende erreicht, ruhte auf N. eine Schuldenlast von über ℳ 100,000. Es waren nunmehr fernere Gelder anzuschaffen unter gleichzeitiger Um= wandlung der Discontgelder in feste Gelder. Gehetzt wie ein Hund und in hehrer Verzweiflung, das Seine zu retten, fand N. einen „Menschenfreund," der ihm die Hälfte des noch Erforderlichen gab. Die Gläubiger wurden inzwischen ungeduldig, und um die restierende Schuldenlast im Betrage von ℳ 50,000 zu decken, sprang ein Verwandter des N. mit seiner Gesamthabe bei, während ein Eigentum des N. veräußert werden mußte. Bis auf einige Kleinigkeiten wurde alles gedeckt. Prosequierung des N'schen Grundstückes steht bevor. Die Verwandten haben sich bereits im tiefsten Kummer, ihm nicht helfen zu können, zurückgezogen. Hätte

der Ärmſte, dem man das Vertrauen geſchenkt, ſolches nicht auch
mißbrauchen können da ihm auf guten Glauben hin ℳ 100,000
anvertraut, und die Grundſtücke den Verwandten zugeſchrieben
waren? Nachdem heute faſt alles geregelt, hat man ihn ge-
pfändet, während drei Familien ruiniert ſind. Die menſchen-
freundliche Maklerfirma war die erſte, welche gerichtlich
vorging, und jetzt iſt die Beute vollends, da ſowohl
N. wie deſſen Verwandte ihre Pöſte nicht verteibigen
können, weil rückſtändige Zinſen zu regulieren ſind, was unter
den obwaltenden Verhältniſſen ein Ding der Unmöglichkeit iſt.
Was leuchtet aus dieſem Falle hervor? Der alte grauköpfige
und ſo ehrwürdig erſcheinende Makler hatte über die N'ſchen
Vermögensverhältniſſe die denkbar ſchärfſte Calculation im
voraus angeſtellt und wußte, daß bei einer Objektgröße von
ℳ 500,000 die vorhandenen Subſidien nicht ausreichten, mochten
ſie auch total herangezogen werden. Da das Gehirn des N.
Tag und Nacht von dem Gedanken gepeinigt wurde, wie die
Gelder anzuſchaffen ſeien, ſo mag es nicht Wunder nehmen,
daß der Beklagenswerte ſeine Kraft den Grundſtücken nicht in
gebührender Weiſe zu teil werden ließ, wodurch die Unternehmung einen derben Stoß erhielt, und die Verwaltung ver-
nachläſſigt wurde. Wären noch rechtzeitig geregelte Verhältniſſe
eingetreten, ſo hätte man das ohne perſönliches Verſchulden
Verſäumte ſicherlich baldigſt eingeholt.

Häuſeragent.

Der Beſitzer eines unbebauten Grundſtückes in feinſter
Lage und im Werte von ca. ℳ 100,000, deſſen geſamtes
Vermögen eben hierin beſtand, entſchloß ſich auf den Rat eines

vom Makler vorgeschobenen „Freundes" hin, ein Gebäude auf
erwähntem Grunde zu errichten. Weil nun aber keine eigenen
Gelder zu seiner Verfügung standen, und somit fremde gebraucht
werden mußten, so hatte der Grundbesitzer mit seiner dem
Grundwerte entsprechenden Hypothek so lange zu rücken, bis
man ihn bei der eintretenden Prosequierung selbst an die Luft
setzte. Der vorgeschobene „Freund", verdiente ein anständiges
Sümmchen, doch der Makler nahm den Löwenanteil. Der
Grundbesitzer ging jedoch auch nicht leer aus, da ihm eine
Schuldenlast von rund ℳ 70,000 wurde. Was wollte er noch
mehr? Der Makler war in seiner Eigenschaft als Spekulant
der Käufer!

Bei einem solchen Baugetriebe, wie es wahrlich aus
allen bisherigen Beispielen genügend klargelegt ist, wird die
Habgier zur Bestialität. Moral und Humanität läßt man
hierbei unberücksichtigt, tritt selbige sogar mit Füßen.
Würde man an die Thüren der Gefängnisse klopfen und
Auskunft von den Sträflingen einfordern über die Ursache
ihrer Verurteilung, so bekäme man sicher von einem
hohen Prozentsatze derselben zu hören, auf welche Weise das
jetzige Bausystem ihnen eine Schule gewesen für ihre
Sünden. Ähnliche Auskünfte erhielt man zweifelsohne
in den Irrenanstalten, deren Insassen zum nicht geringen
Teile ebenfalls den Folgen des unheilvollen Bauwesens ihre
entsetzliche Lage zu verdanken haben. Und langte man nun
gar im Geiste am Thore der Ewigkeit an, so würden einem
auch dort nicht wenige entgegeneilen, die einst als Sterbliche
freiwillig das Reich der Schatten aus ebendemselben Grunde

auffuchten. Die redlich und vernünftig denkenden Menschen mögen entrüftet und erboft fein über die Spielhölle zu Monaco mit ihrem klohig verdienenden Beamtenheere, das den Laien an den verhängnisvollen Tifch hinanzuziehen hat; gegen Grund- nud Geldwucher aber, wie auch gegen Maklergetriebe mit allem was 'drum und 'dran hängt, kommt ein Monaco bei weitem nicht, fondern wird davon bedeutend in den Hinter-grund geftellt.

Da es nicht unfer Wunfch ift, die Ubelftände aufzu-decken, ohne gleichzeitig eine Aufklärung zu geben, wie gehan-delt werden muß, damit die Grenzen der Humanität innege-halten werden, fo drängen fich uns folgende drei Punkte zur Befprechung auf:

1) **(Grundfpekulant).** Grund und Boden und deffen Befiher.

2) **(Kapitalift).** Kapital als Baugeld und als fefte Hypothek.

3) **(Bauherr).** Bafis, auf der gebaut werden foll, und was hierbei zu beobachten ift.

Spekulant. Grund und Boden und deffen Befiher.

Wie wir fchon an früherer Stelle erwähnten, ift es keinem Menfchen zu verdenken, falls er Grund befiht und hierin fpeculiert, daß er fucht, hierfür in irgend einer Weife beftmöglichft hohe Preife zu erzielen, wohingegen wir ihm das Recht abfprechen, fei es nun durch Zuführung Bauluftiger unter Affiftenz von Helfern und Helfershelfern, oder fei es durch

Versprechen von Lohngeldern resp. Rücken einer Teil- oder Totalsumme bis beispielsweise zum halben Objektwerte seinen Grund und Boden sich mit Wucherpreis bezahlen zu lassen. Der Verkäufer hat die Verpflichtung, darauf zu achten, ob der Bauende materiell und geistig zum Bauen befähigt ist; er darf diesen nicht als Werkzeug benutzen, bis der Wucherpreis geschützt ist durch den Mißbrauch des Vertrauens leichtsinniger Lieferanten, oder falls diese zu klug sein sollten, durch Hinein- legen später rangierender Handwerker.

Trotz des augenblicklichen Nichtvorhandenseins specieller Gesetze gegen ein derartiges Gebahren, wolle man als Urheber und Beförderer des letzteren sich nicht zu sicher fühlen, da man leicht als Schwindler, im Wiederholungsfalle als gewerbsmäßiger Schwind- ler abgefaßt werden könnte. Der Grundeigentümer besitzt nicht nur einen leeren Platz, sondern partizipiert an dem künftigen Bauunternehmen, in das er stark hineingreift. Ohne Be- bauung ist der Platz eben nur Land mit einem leeren Luftraum; erst nach Ausfüllen dieses Luftraumes be- kommt er seinen berechtigten Wert, der in der Ver- mietungschance liegt, nicht aber in dem, was auf Kosten der Unkenntnis und des Leichtsinnes acceptiert wird.

––––––

Kapitalist. Kapital als Baugeld und als festes Geld.

Einerseits will es uns durchaus nicht klar erscheinen, weshalb es dem Bauherrn nicht möglich ist, vor dem Beginnen seiner Sache ebensowohl Gelder mit halbjährlicher Kündigung zu schließen als hinterher, und andererseits glauben wir dem Dinge auf die Spur gekommen zu sein durch die Annahme, daß im ersten

Falle sich nicht ein so schöner Verdienst für die Makler und Wucherer erzielen ließe, weil ja für den Bauenden keine Notlage entstände, die auszubeuten wäre. Dem großen Publikum hat man auf gebunden, daß der Diskont im Baufache erforderlich sei, weil feste Gelder nicht vor Vollendung des Unternehmens ohne Risiko für das Publikum gegeben werden könnten. Durch dieses Märchen verschaffte man dem Diskont festen Fuß im Baufache. Der Diskont wurde aber in seiner weiteren Ausnutzung ein Mittel, welches sich vielfach dazu benutzen ließ, den Bauenden für die Pläne des Maklers und Wucherers zu annectieren, und ihm für die Ausführung ihrer ferneren Gaunerstreiche ganz an sich zu ketten. Außerdem wurde dieser Diskont der Urheber der vielfach bezahlten abnorm hohen Arbeitslöhne. Viele unvermögende Bauherren wurden nämlich infolge ihrer verkrachten Unternehmungen gezwungen, wieder zur „Maurerkelle" oder zum „Beil" zu greifen. Mit bösen Erfahrungen, vernichteten Hoffnungen, und übermäßigen Schulden kehrten sie mit einem gewissen berechtigten Zorne gegen die Gesellschaft zu ihrem früheren Handwerk zurück. Ausgelassene Äußerungen ihren Collegen gegenüber dahingehend, daß diese durch weniger rege Thätigkeit den Bauherrn, veranlassen könnten, höhere Löhne zu zahlen, dieweil er zu einer bestimmten Zeit fertig sein muß, um seine Diskont-Ratenzahlungen zu erhalten, haben die Folge, daß der Bauunternehmer gezwungen wird, einen „Accord" zu gewähren, um seinen Verpflichtungen nachzukommen. Der Accord erhöht nun aber den Arbeitslohn manchmal um das Doppelte und mehr, sodaß Tagelöhne von 10—20 ℳ nichts Außergewöhnliches sind. In Erwägung dessen aber, daß das Baugewerbe verhältnismäßig nicht künst

lerische und anstrengendere Arbeit erfordert als andere Gewerks-
zweige, müssen Verdienste von täglich 10—20 .M absolut als
abnorm bezeichnet werden; sie bilden in sich aber noch neben-
bei eine eigentliche Bewucherung des Bauherrn, denn nur der
Notlage desselben verdanken sie ihre Existenz. Der Urheber
des Mißverhältnisses aber ist die leidige Diskont-Ausnutzung.

Bei **Abschaffung** des **Diskonts,** der den **Wucher be-
fördert,** hätte eine große Anzahl Häuseragenten ihren Erwerb auf
eine ehrenhaftere Weise zu suchen. Außerdem bekämen wir einen
Bauherrenstand, der auf soliderer Basis beruhen würde als
jetzt und dem von den Kapitalisten ein größeres Vertrauen
entgegengebracht werden könnte. Auch die sozialistische Tendenz
des Arbeiters werde mehr und mehr schwinden, indem der
Meister Herr seiner Unternehmung würde.

Der Nichtfachmann, der da beabsichtigt, Gelder ohne
Risiko für Bauzwecke herzugeben, beherzige folgenden Rat:
Bekanntlich darf bei Revenuen erzielenden Häusern bis zur ³/₄
Objekthöhe ohne Risiko für Darleiher gegangen werden.
Nehmen wir nun die drei Perioden, in denen der Bau sich
befindet, in der Weise an, daß wir sagen:

1. Richtfertig,

2. Putzfertig und mit Fenstern versehen,

3. Total fertig und in die Feuerkasse aufgenommen; so
darf man, nachdem man sich davon überzeugt, daß der Bauende
selbst ein Viertel des Objektwertes besitzt, anstandslos eine
Schlußnote geben, dahin lautend:

„Wenn der Bau richtfertig und eingedeckt ist, so zahle
ich ein Drittel."

„Ist er putzfertig und mit Fenstern versehen, so gebe „ich ein ferneres Drittel.

„Und ist er vollständig beendigt und in die Feuerkasse „aufgenommen, so folgt der Rest."

Wo bleibt hier noch ein Risiko für den Geldhergeber? Wenn der Bauende die in der Schlußnote gestellten Bedingungen nicht erfüllen kann, so ist der Geldmann eben zu nichts verpflichtet. Natürlich mag der betreffenden Schlußnote mit Recht die Klausel angeheftet werden, daß gute Materialien zu verwenden seien, und genau nach der Zeichnung gearbeitet werden müsse. Eventueller Vorbehalt wegen Strikes und force majeure ist unseres Erachtens im höchsten Grade unbillig, indem man alsdann den Bauherrn, welcher ohne sein Verschulden unter diesen Schicksalsschlägen leiden müßte, auch noch wuchertreibenden Personen preisgäbe. Ein oft von „hervorragenden" Kapitalisten benutzter Kniff, sobald selbige sich wegen getriebenen Wuchers verantworten sollen, ist: „Wir haben ja nur den Hausposten **gekauft,** und lag uns jegliche Absicht der Übervorteilung ferne." So schön dies auch klingt, ist der Ausspruch immerhin noch gerade ein wenig abgeschmackt und alt geworden. Er ließe sich treffend mit dem von Spitzbuben gebrauchten vergleichen, der da sagt: „Von dem **großen Unbekannten** gekauft." Es liegt aber im Ermessen des Gerichtshofes, solche Ausreden als verschleierten Wucher abzuurteilen. Damit nicht etwa Kapitalisten in irgend welche Irrtümlichkeiten geraten, geben wir später als Gratisbeilage einen Abdruck des Wuchergesetzes.

Bauherr.

Mit drei wohl zu würdigenden Faktoren hat der Bauende

zu rechnen. Alle drei hat er vor dem Beginne seiner Unternehmung haarscharf ins Auge zu fassen. Diese drei Faktoren
sind: ·

1. Baukosten,
2. Mieteeinnahme,
3. Belastungshöhe.

Alle drei Faktoren sind gleich vornehm, alle drei greifen
ineinander und kann der eine des anderen nicht entbehren.

1a. Baukosten haben von der Mieteeinnahme abzu-
hängen,
2a. Mieteeinnahme wiederum von den Baukosten,
3a. Belastungshöhe endlich von Baukosten und Mieteeinnahme gemeinschaftlich.

Die Baukosten des Grundes und Bodens sind für sich
getrennt zu halten. · Es ist nun eine Obliegenheit des Bauherrn, den reellen Wert des Bodens ausfindig zu machen, um
mit sich selbst zu Rate zu gehen, ob der von ihm eventuell zu
acceptierende Preis· auch thatsächlich im Verhältnisse zu dem
Objektwerte steht. Ohne einen allzu kleinen Kreis zu schlagen,
nehme man hierbei als Richtschnur die Mietechance und Miete-
höhe der betreffenden Gegend an.

Der Bauherr hat genau zu berechnen, wieviel tausend
Steine zum Baue erforderlich sind. Bei der Kostenveranschlagung
hat die Berechnung entweder nach 1000 Steinen oder nach
Quadratfuß stattzufinden. Nachdem dies geschehen, wirft sich
dem Bauherrn als fernere Frage die zu erzielende Miete auf,
aus der sich die Belastungshöhe ergiebt. Für den Geldhergeber ist es ebenso erforderlich wie für den Bauenden, über
das Stichhaltige der Berechnung im Klaren zu sein, um nicht

etwa ein Risiko zu laufen. Ist die Sache gut, so bedingt die Schließung der einzelnen Pöste keine sehr große Mühewaltung; taugt sie aber nichts, so fällt sie in sich selbst zusammen.

Der **Bauherr** muß in **gehöriger Form lernen** und **Geselle** sein, **bevor** er Anspruch auf den **Meistertitel** macht. Heutzutage ist meistens der sich Baumeister Nennende nichts weiter als **Lehrling**, und bevor er ausgelernt hat, ist er bereits **ruiniert.**

Die Großstadt.

Aus unseren Beobachtungen gehen zwei Dinge hervor, die sehr charakteristisch sind: 1. Man ist leicht geneigt, nur dem Großstädter eine so schmutzige Handlungsweise vorzuwerfen, ohne an die Elemente zu denken, die in Scharen von draußen in eine Großstadt strömen. Wenn ein Großstädter sich wirklich nicht schämt, seine Hand einem solch' ehrlosen und schuftigen Getriebe zu leihen, so bleibt er doch in den meisten Fällen wenigstens noch ein wenig rücksichtsvoller. Der Eingewanderte aber versteht vielfach den Spaß anders, da er in der Großstadt bislang nicht bekannt war, somit also auch nicht zu fürchten braucht, etwas an seinem Rufe und Leumund einzubüßen. Er ist weit dreister und unverschämter als der Großstädter, da er sich sagt, daß er seine Kenntnisse, die er sich im Übervorteilen als „gutmütiger" Bauer erworben, nirgends besser verwende, als gerade in der Großstadt, um sich nach Vollendung seiner Heldenthaten womöglich in aller Gemütsruhe in seine liebe Heimat zurückzuziehen, wo er alsdann die Früchte seiner ersprießlichen Thätigkeit nach Wohlbehagen genießen mag und von jedermann ob seines Glücks beneidet wird.

Hat ein geborener Großstädter sich einmal gegen die Gesetze vergangen, so ist es oft für ihn „Nacht," da er gewissermaßen gefesselt ist an dem Stückchen Erde, das ihm alle erdenklichen Bequemlichkeiten bietet, die ihm das Dorf und die Kleinstadt nie und nimmer gewähren. Sein Körper und Geist stellen größere Ansprüche, die befriedigt sein wollen, als es beim Bauern und Kleinstädter der Fall. —

Wir führen beiläufig an, daß unter den in Berlin während der letzten 25 Jahre vorgenommenen vielen Hinrichtungen keine einzige an einem geborenen Berliner vollführt wurde, was doch immer ein Moment zum Denken giebt, soweit es das eben Gesagte betrifft. —

2. Wem mißt man wohl mehr die Hauptschuld am Wucher bei als gerade dem Semiten? — Wir sagen aber aus voller Überzeugung, daß der weiße wucher-treibende Jude im Baufache den eigentlichen Semiten bei weitem übertrumpft. Nimmt der Jude den Rock, so kann man sicher sein, daß dem weißen Juden das Hemd gehört. Es ist ja annehmbar, daß der Semit vorsichtshalber die Politik verfolgt, den letzten Tropfen im Glase zu lassen, damit ihm nicht etwa der Glasdeckel auf die Nase falle. Es wäre aber immerhin wünschenswert, daß der weiße Jude sich auch eine derartige vorsichtige Kalkulationsweise aneignen möge. Weit entfernt, dem einen oder anderen von diesen Beiden ein Wort der Verteidigung zu reden, denken wir mit unseren Aus-führungen zur Ehre der Wahrheit nur nackte und nachweis-bare Thatsachen constatiert zu haben.

Vorschlag zum Schutze gegen Attentate auf das Vermögen Nichteingeweihter.

Zum Schutze gegen Attentate auf das Vermögen Nichteingeweihter schlagen wir die Bildung einer Kommission von Vertrauensmännern vor, deren Bureau eine Specialkarte über Stadt und Umgegend zu besitzen hätte, und von denen redliche Auskunft zu erlangen wäre über:

1. Die zu verschiedenen Zeiten in den verschiedenen Gegenden erzielten Preise für Baustellen.
2. Mietechance und Mietewert der jeweiligen Gegend.
3. Obwaltende, jederzeitige Baukonjunkturen.
4. Geldmarkt und Zinsfuß.

Auf Grund unseres Vorschlages hat sich bereits in Hamburg ein Verein unter dem Namen

„Bau-Bund"

gebildet, dessen Hauptzweck einerseits eben die Einschätzung fraglicher Hypotheken und Bauobjekte bildet. Die Einschätzungen abseitens des „Bau-Bund" werden stets von bewährten Fachleuten vorgenommen.

Kennt der Schiffer die ihn bedrohenden Klippen, so wird er sich schon vorsehen, auf dieselben zu stoßen; sind sie ihm jedoch unbekannt, so kann er seinem Schöpfer danken, wenn er mit dem bloßen Schreck davonkommt. Zufall und Glücksspiel im Bauwesen beim Errichten wie auch bei dem Besitzen des Baues muß verhütet werden. Der Schwindel wolle sich ein anderes Feld suchen!

Auszug aus dem Strafgesetzbuche für das Deutsche Reich.

§ 302,

„Wer unter Ausbeutung der Notlage, des Leichtsinns oder der Unerfahrenheit eines anderen für ein Darlehen oder im Falle der Stundung einer Geldforderung sich oder einem Dritten Vermögensvorteile versprechen oder gewähren läßt, welche den üblichen Zinsfuß dergestalt überschreiten, daß nach den Umständen des Falles die Vermögensvorteile in auffälligem Mißverhältnisse zu der Leistung stehen, wird wegen Wuchers mit Gefängnis bis zu sechs Monaten und zugleich mit Geldstrafe bis zu dreitausend Mark bestraft. Auch kann auf Verlust der bürgerlichen Ehrenrechte erkannt werden.“

§ 302. b.

„Wer sich oder einem Dritten die wucherlichen Vermögensvorteile verschleiert oder wechselmäßig oder unter Verpfändung der Ehre, auf Ehrenwort, eidlich oder unter ähnlichen Versicherungen oder Beteuerungen versprechen läßt, wird mit Gefängnis bis zu einem Jahre und zugleich mit Geldstrafe bis zu sechstausend Mark bestraft. Auch kann auf Verlust der bürgerlichen Ehrenrechte erkannt werden.“

§ 302. c.

„Dieselben Strafen (§ 302 a und § 302 b) treffen denjenigen, welcher mit Kenntnis des Sachverhalts eine Forderung der bezeichneten Art erwirbt und entweder dieselbe weiter veräußert oder die wucherlichen Vermögensvorteile geltend macht.“

§ 302. d.

„Wer den Wucher gewerbs- und gewohnheitsmäßig betreibt, wird mit Gefängnis nicht unter drei Monaten und zugleich mit Geldstrafe von einhundertfünfzig bis zu fünfzehntausend Mark bestraft. Auch ist auf Verlust der bürgerlichen Ehrenrechte zu erkennen."

NB. Zum Capital: „**Rang und Haftbarkeit des Geldes**" soll nachträglich noch bemerkt werden, daß jede gebrochene Summe die vorhergehende garantirt.

Hiermit hätte sich der Inhalt unseres Buches erschöpft, und hoffen wir zuversichtlich, daß der Wunsch, von dem wir bei Herausgabe desselben beseelt, dem Schwindel im Bausystem zu gunsten Unwissender und Uneingeweihter Einhalt zu thun, sich verwirklicht. Aber noch mehr würde dem Diskont-Unwesen, diesem **Riesen-socialen-Uebel** fest entgegen getreten werden können durch die Errichtung einer „**Genossenschafts Bau-Bank**". Ungeahnter Segen würde damit verbreitet werden. Wir denken, in unserem Streben die volle Billigung aller ehrlich Denkenden zu finden und seitens derselben wie auch der hohen zuständigen Behörde kräftigst unterstützt zu werden. Dies würden wir als den höchsten Lohn ansehen, der uns für unsere Bemühungen geworden.

Der Verfasser.

Von demselben Verfasser wird binnen Kurzem erscheinen:
„Über Ventilation und Heizung unserer
Wohnräume".

Druck von
A. Jsermann -- Hamburg.

www.ingramcontent.com/pod-product-compliance
Lightning Source LLC
Chambersburg PA
CBHW031751090426
42739CB00008B/967